기후 변화의
비밀

Original Title: Save the Climate
Copyright © 2023 Dorling Kindersley Limited
A Penguin Random House Company

www.dk.com

LEVEL 2

기후 변화의 비밀

젠 시맨스키

DK | 삼성출판사

차례

기후 변화가 뭐예요?

신나게 바다 나들이를 떠났어요. 그런데 맑고 푸른
바다는 온데간데없어요. 끈적끈적한 갈색 덩어리들이
바닷가로 끝없이 몰려와요. 어이쿠, 바다가 '바다 콧물'에
뒤덮여 버렸어요! 대체 무슨 일이지요?
바다 콧물은 우리가 감기에 걸렸을 때 코에서 나오는
콧물이 아니에요. 바닷물의 온도가 올라가면 식물성
플랑크톤이 많아져서 끈끈한 점액인 바다 콧물이
생기지요.

식물성 플랑크톤이 늘어나는 이유
바닷물이 따뜻해지고, 공장과 가정에서 버리는 더러운 물이
바다에 흘러 들어오면 식물성 플랑크톤의 먹이가 많아져요.
자연스레 식물성 플랑크톤이 엄청나게 늘어나는 거예요.

바닷물이 자꾸만 따뜻해지면서 지금까지 겪어 보지 못한 변화가 생겨나요. 그런데 문제는 지구의 평균 기온이 올라가고 있다는 사실이에요. 빙하가 녹고, 바다의 높이가 올라가고, 가뭄과 홍수가 더 자주 일어나고 있어요. 과학자들은 기후 변화가 이 모든 일의 원인이라고 믿어요.

기온

기온은 우리를 둘러싸고 있는 공기의 온도를 말해요.

기후란 어떤 지역에서 오랜 기간 동안 지속되는 날씨 상태를 말해요. 예를 들어 한국의 여름에는 보통 비가 얼마나 내리는지, 겨울에는 눈이 얼마나 내리는지를 가리키지요.

따라서 기후 변화는 어떤 지역에서 오랜 기간에 걸쳐 일어나는 날씨의 변화를 뜻해요. 요즘에는 보통 지구 전체 기후의 평균적인 변화를 가리키기도 하지요.

기후와 날씨

기후와 날씨의 뜻은 달라요.
"오늘은 비가 올까요?"라고 물으면 날씨를 묻는 것이고,
"한국의 겨울은 추운가요?"라고 물으면 기후를 묻는 거예요.
그러니까 날씨는 그날그날의 비, 구름, 바람, 기온 등으로 나타나는 대기 상태, 기후는 오랜 시간 동안의 대기 상태를 말하지요.

사하라 사막은
건조한 기후로 유명해요.

노르웨이 브릭스달 빙하의
2002년 모습

노르웨이 브릭스달 빙하의
2011년 모습

사실 기후 변화는 새삼스러운 일이 아니에요. 기후는
예전에도 꾸준히 변화해 왔어요. 하지만 최근에
이루어지는 기후 변화는 달라요. 이에 대해 과학자들은
사람들에게 책임이 있다고 말하지요.

기후 변화의 가장 뚜렷한 영향을 보여 주는 것은
지구 온난화예요. 지난 몇백 년 동안 지구 대부분 지역의
기온은 약 1도 올라갔어요. '애걔, 1도! 별거 아니네.'라고
생각하기 쉽지만 이러한 차이는 여러 가지 변화를
일으키기에 충분해요.

기온이 조금만 올라가도 북극과 남극의 눈과 빙하가
녹아요. 이대로 가면 전 세계의 빙하가 완전히
사라질지도 모른다며 걱정하는 목소리가 커지고 있어요.

얼음과 눈 그리고 빙하가 녹아내린 물은 그냥 사라지지
않아요. 산기슭과 언덕을 거쳐 바다로 흘러가지요.
그럼 어떻게 될까 생각해 봐요. 그래요. 바다의 높이, 즉
해수면이 상승해요. 과학자들은 우리나라의 해수면이
2050년까지 25센티미터 정도 높아질 거라고 예상해요.
해수면이 상승한 세상의 모습은 지금과 무척 다를 거예요.
땅이 물에 잠기고 바다가 넓어지면 지도도 다시 그려야
해요. 가장 끔찍한 것은 사람들의 소중한 보금자리가
바닷물에 잠긴다는 사실이에요. 우리나라는 2050년까지
40만 명에 달하는 사람들이 집을 떠나야 할지도 모른대요.

홍수

가뭄

물고기 살려!

산기슭을 흘러내리는 빗물에 흙과 돌이 휩쓸려
내려요. 흙과 돌이 개울과 강으로 흘러 들어가면
물이 흙탕물로 변해요. 큰일이에요. 흙탕물
속에서는 물고기가 숨을 쉴 수 없거든요.

한편 해수면이 상승할 정도로 물이 넘쳐나는데 다른
곳에서는 물이 없어 난리예요. 비가 오랫동안 내리지
않아 가뭄이 계속되고 있어요. 식물과 동물이 큰 피해를
입고, 사람들도 물 부족으로 고통받아요.

가뭄 때문에 땅이 메마르면 산불이 자주 발생해요. 마른
풀에 번개가 내리치거나 사람들이 실수로 불을 내면
엄청난 불길이 산을 태우지요. 이렇게 기온 상승으로
인한 메마른 땅이 원인이 되어 산불이 더욱 자주
발생하고 있어요.

최악의 산불

2019년 여름, 오스트레일리아에서 일어난
산불은 엄청난 피해를 가져왔어요.

기후 변화는 왜 생겨요?

태양계의 행성 가운데 오직 지구에만
생명체가 살 수 있는 것은 대기 덕분이에요.
태양 에너지는 지구 대기를 통과해 지구
표면에 이르러요. 그 가운데 일부는
반사되고, 일부는 지구 표면에 흡수되었다
열로 바뀌어 다시 대기로 방출돼요.
이때 여러 가지 기체로 이루어진 대기가
담요 같은 역할을 해요. 방출되는 열을
적당히 가두어 우주로 달아나지 않고
지구에 머무르게 하는 거예요. 그러면
지구가 따뜻해져서 수많은 생명체가
살아갈 수 있지요. 그런데 기체 가운데
몇 가지가 너무 많아지면 큰 문제가 생겨요.
어떤 문제일까요?

너무 많아져서 문제가 된 기체 중 하나는 바로 이산화탄소예요. 오랜 세월 동안 지구 대기 속의 이산화탄소 양은 비슷하게 유지되어 왔어요. 하지만 지난 100년 사이에 이산화탄소 양이 매우 빠른 속도로 늘어났어요.

왜 그럴까요? 약 300년 전에 일어난 산업 혁명 때문이에요. 산업 혁명을 거치면서 사람들은 증기 기관을 이용해 움직이는 기계로 많은 물건을 만들게 되었어요. 그리고 여기저기 공장이 생기면서 자연스레 석탄과 석유 사용이 늘어났지요. 그런데 석탄이나 석유를 태우면 그 속에 들어 있던 이산화탄소가 나와요. 대기 속에 이산화탄소가 점점 늘어나면서 우주로 빠져나가야 할 열을 너무 많이 잡아 뒀어요. 이것이 지구 온난화로 이어진 거예요.

도시 전체가 뿌연 잿빛 스모그에 휩싸여 버렸어요.

또 다른 골칫거리도 있어요. 산업 발달과 함께 더 많은 공장이 들어서고 더 많은 자동차가 도시를 누비면서 석탄과 석유도 더 많이 사용하게 되었어요. 그 결과 이산화황이나 이산화질소 같은 가스와 미세 먼지가 대기 속으로 뿜어져 나왔지요. 이 물질들은 안개 속의 습기나 햇빛 속의 자외선과 만나면서 공기를 더럽혀요. 스모그로 널리 알려진 이 대기 오염은 사람들의 건강을 크게 해쳐요.

화석 연료

화석 연료는 석탄, 천연가스, 석유를 말해요. 먼 옛날 땅에 묻힌 식물과 동물이 단단하게 굳어지면서 생겨난 자원이에요. 화석 연료가 널리 쓰이는 이유는 가격이 싸고, 쉽게 태울 수 있기 때문이에요.

이상하게도 지구 온난화의 영향이 가장 심각하게 나타나는 곳은 공장이나 자동차를 찾아보기 힘든 북극 지방이에요. 북극의 기온이 지구의 다른 곳보다 세 배나 빨리 올라가고 있어요.

하얀색은 빛을 잘 반사한다는 사실을 아나요? 하얀색인 북극의 눈과 얼음은 태양 에너지를 다시 우주로 내보내요. 지구가 너무 더워지지 않게 도와주는 과정이에요. 그런데 눈과 얼음이 녹으면 어떻게 되겠어요? 맨땅이 더 많이 드러나면서 우주로 나가는 태양 에너지가 줄어들어요. 그리고 지구 온도가 더 올라가지요.

북극에는 '영구 동토층'이 있어요. 얼음에 덮여 있지는
않지만 일 년 내내 꽁꽁 얼어붙어 있는 땅을 말하지요.
문제는 기온이 올라가면 영구 동토층도 녹아내린다는
사실이에요.
게다가 녹은 땅에서 메탄이라는 가스가 뿜어져 나와
대기 속으로 들어가요. 메탄은 이산화탄소처럼 열을
가두는 일을 해요. 이 때문에 지구 온난화가 더욱
심해지지요.

기후 변화를 어떻게 막아요?

다행스럽게도, 과학자들은 기후 변화 문제를 해결할 수 있는 방법을 찾아냈어요. 그 가운데 가장 중요한 것은 이산화탄소 배출량 줄이기예요. 어떻게 줄이냐고요? 이산화탄소를 배출하는 화석 연료 대신 청정 에너지를 사용하는 거예요. 또 이산화탄소를 적게 배출하는 새로운 기계를 발명하고 공장을 지어야 해요.

화석 연료는 한 번 쓰면 다시 사용할 수 없고 언젠가는 완전히 없어져 버려요. 이에 비해 햇빛, 바람, 수력 같은 청정 에너지는 시간이 지나도 바닥날 걱정이 없는 '재생 에너지'이기도 해요. 또한 화석 연료보다 이산화탄소를 적게 배출하지요.

태양 전지

태양 전지는 태양 에너지를 받아 전기를 만들어 내요. 태양 전지에서 뻗어 나온 전선을 통해 전기가 집과 학교로 이동해요.

바람이 불면 거대한 날개가 회전하면서 발전기를 돌리고, 발전기에서
전기 에너지를 만들어 내요.

앞으로 놀라운 일들이 벌어질 거예요. 전기의 힘으로만
달리는 자동차, 식물성 플랑크톤의 힘으로 움직이는
버스, 사탕수수나 식용유의 힘으로 하늘을 나는
비행기······. 어때요, 굉장하지요?

이산화탄소 배출을 줄이는 것 말고 또 하나 해야 할
일이 있어요. 대기 속에 들어 있는 이산화탄소를 줄이는
일이지요. 우리는 자연에서 배워야 할 게 많아요.
이미 자연은 그 해결책을 마련해 놓았거든요. 바로
식물이에요.

식물은 대기 속에 들어 있는 이산화탄소를 빨아들이고
그 대신 산소를 만들어 내보내요. 그렇다면 나무 심기가
아주 중요하겠지요? 나무를 많이 심으면 대기에서
이산화탄소를 많이 흡수할 테니까요. 정원을 가꾸고,
마당이나 주말농장에서 채소를 기르는 일도 도움이
돼요. 모든 식물은 이산화탄소 먹보이니까요. 이렇게
사람들이 제 손으로 채소를 길러 먹으면, 농장에서
도시로 채소를 실어 나르는 트럭도 줄어들 거예요.

우리가 할 수 있는 일은 없나요?

많은 사람들이 기후 변화에 맞서기 위해 노력하고 있지만
아직도 할 일이 많아요. 우선 기후 변화가 지구 전체에
심각한 문제라는 사실을 널리 알려야 해요.
대기는 지구 전체를 감싸요. 그러므로 이산화탄소가 어느
나라에서 주로 나오는지는 중요하지 않아요. 대기 속의
이산화탄소가 불러오는 나쁜 영향은 결국 전 세계 모든
나라 사람들의 몫이니까요.

스웨덴의 그레타 툰베리는 환경 운동가예요. 2018년부터 기후 변화를
막기 위해 전 세계를 무대로 활동하고 있어요.

따라서 여러분은 친구들에게 기후 변화를 알리고, 어떤
행동으로 기후 변화에 대처할 수 있는지 설명해 주어야
해요. 지식과 그에 따른 작은 실천은 기후 변화를 막을
큰 힘이에요.

'환경친화적'이라는 말을 들어 봤나요? 이것이야말로 지구의 기후를 정상으로 돌려놓을 최고의 실천 방법이에요. 별것 아니에요. 그저 이산화탄소 배출량을 줄이는 생활 습관을 몸에 익히면 돼요.

가장 쉬운 방법은 에너지 사용 줄이기예요. 방을 나설 때면 전등 스위치를 내리고, 좋아하는 만화영화를 보고 나면 텔레비전을 꺼요. 이렇게만 해도 집에서 쓰는 전기를 절약할 수 있고, 자연스레 이산화탄소 배출량을 줄일 수 있어요.

물 절약

강물을 모아 깨끗하게 만들려면 엄청난
양의 에너지가 필요해요. 따라서 이를 닦을
때 수도꼭지를 잠그거나 샤워 시간을 줄이면
에너지 절약에 도움이 될 거예요.

옷이나 장난감을 새로 만들려면 많은 에너지가
필요해요. 그렇다면 옷을 물려 입는 건 어떨까요?
망가진 장난감을 버리지 말고 고쳐 쓰는 방법도 있지요.
여러분의 작은 선택이 큰 차이를 만들어요.

과학자들은 '탄소 발자국'이라는 단어를 쓰기 시작했어요. 탄소 발자국이란 개인이나 기업, 또는 국가의 활동에서 발생하는 이산화탄소의 총량을 말해요. 우리는 탄소 발자국을 줄이기 위해 물건을 만들고 사용하는 모든 과정에서 에너지를 덜 사용하는 쪽으로 선택할 수 있어요.

더 나아가 여러분은 기후 변화 문제를 해결하는 데 앞장서는 전문가가 될 수도 있어요. 이산화탄소를 배출하지 않는 연료를 개발하거나, 대기 속에 포함된 이산화탄소를 흡수하는 특별한 기계를 발명하는 거예요. 그러기 위해서는 우선 기후 변화에 대해 잘 알아야 해요. 그리고 친구들에게도 널리 알려야 하지요. 이것이 기후 변화 위기에서 지구를 구하는 첫걸음이에요.

탄소 발자국 기네스 기록

중국과 미국은 많은 이산화탄소를 배출하여 각각 1등과 2등으로 탄소 발자국이 큰 나라가 되었어요. 한편 카타르와 뉴칼레도니아는 작은 나라이지만 1인당 가장 큰 탄소 발자국을 기록하고 있어요.

용어 정리

가뭄
비가 적게 와서 물이 부족해지고 그에 따라 피해가 생기는 일

기후
어떤 지역에서 오랜 시간에 걸쳐 나타나는 평균적인 날씨 상태

날씨
그날그날의 비, 구름, 바람, 기온 등으로 나타나는 대기 상태

대기
지구를 둘러싸고 있는 공기 층

반사
빛이 다른 물체에 부딪쳐 그 방향을 바꾸는 일

빙하
오랜 시간에 걸쳐 만들어지는 굉장히 크고 두꺼운 얼음 덩어리

스모그
자동차의 배기가스나 공장에서 내뿜는 연기가 공기를 더럽히며 안개처럼 된 상태

이산화탄소
지구 밖으로 내보내야 하는 열을 대기 안에 가두어 두는 역할을 하는 기체. 양이 너무 많이 증가하여 지구 온난화의 원인이 되고 있다.

재생 에너지
햇빛, 바람, 지열, 수력 에너지처럼 계속 사용해도 바닥날 걱정이 없는 에너지

지구 온난화
지구의 평균 기온이 서서히 높아지는 일

청정 에너지
오염 물질이 잘 발생하지 않는, 맑고 깨끗한 에너지

탄소 발자국
개인이나 기업 또는 국가의 활동에서 나오는 이산화탄소의 총량

화석 연료
석탄, 천연가스, 석유 등 먼 옛날 땅에 묻힌 식물과 동물이 단단하게 굳어지면서 생겨난 자원

흡수
기체나 액체를 빨아들이는 일

퀴즈

이 책을 읽고 무엇을 알게 되었는지 물음에 답해 보세요.
(정답은 맨 아래에 있어요.)

1. "날씨와 기후는 같은 말이다." 진실 또는 거짓?

2. 오랜 세월 일정하던 이산화탄소 양이 매우 빠른 속도로 늘어난 까닭은 어떤 역사적 사건 때문일까요?

3. 식물은 대기 속에 들어 있는 이산화탄소를 흡수하고 그 대신 무엇을 만들어 내보낼까요?

4. 대기 속에 이산화탄소의 양이 증가하면 어떤 일이 일어날까요?

5. "햇빛, 바람, 수력, 지열과 같은 청정 에너지는 화석 연료만큼 이산화탄소를 많이 배출한다." 진실 또는 거짓?

6. 자연이 가르쳐 준 해결책을 따라 사람들이 대기 속의 이산화탄소 양을 줄이기 위해 할 수 있는 일은 무엇일까요?

1. 거짓 2. 산업 혁명 3. 산소 4. 이산화탄소가 지나치게 많은 열을 대기 속에 가두어 두면서 지구의 평균 기온이 올라간다. 5. 거짓 6. 나무를 심는다. 정원을 가꾼다. 채소를 기른다.

DK 읽는재미!
SUPER Readers

아이들의 흥미와 발달을 모두 고려한
체계적인 읽기 프로그램 <DK 읽는 재미>.
스트레스 없는 책 읽기를 통해
아이들의 문해력이 자연스럽게 향상됩니다.

LEVEL 1
스스로
읽어요

취학 전 ~
초등 1학년

정글 속에는 누가 살까?

시끌벅적 농장의 하루

동물들아 밥 먹자

아기 동물들은 귀여워

올챙이의 변신

신비한 바닷속 탐험

점프 챔피언 돌고래

트리케라톱스 vs 티라노사우루

나비의 한살이

바쁘다 바빠, 부지런한 꿀벌

멍멍 개 우리의 친구

야옹야옹 고양이 가족

무엇을 타고 갈까요?

일하는 중장비차

꽁꽁 얼음 왕국

오늘 날씨 어때?

본문 32p